한글 쓰기의 특징

1. 어린이들이 글씨 쓰는 순서를 바르게 배울 수 있도록 구성하였습니다.
2. 어린이들이 닿소리와 홀소리의 조합에 의해 소리가 형성되는 원리를 스스로 깨달아 복잡한 글자도 자연스럽게 읽고 쓸 수 있도록 구성하였습니다.
3. 매 장마다 별도의 종이 위에 따라 쓰기 연습을 충분히 하여 어린이들이 바르게 글씨 쓰는 습관이 되도록 하였습니다.
4. 학습에 흥미를 유발하고 효과를 높이도록 구성하였습니다.

전 5 권
1권 선긋기, 지각능력 테스트 / 자음, 모음 익히기
2권 낱말 익히기 / 받침 없는 낱말공부
3권 낱말 익히기 / 기본 받침 있는 낱말공부
4권 낱말 익히기 / 어려운 받침 있는 낱말공부
5권 문장 익히기 / 교과서 중심의 문장 (종합편)

전 3 권
초급 : 어려운 받침 있는 낱말, 문장 익히기
중급 : 소리, 모양, 색깔, 타는 것, 반대말, 몸의 신체 등 낱말 익히기
고급 : ~를, ~을, 높임말 등 교과서 중심의 문장 익히기

글씨 쓰는 자세

- 등을 곧게 펴고 앉으며 책과 눈의 거리는 약30㎝ 정도가 되게 한다.
- 팔꿈치를 앞으로 내밀거나 몸을 옆으로 기울이지 않는다.
- 왼손은 책이 움직이지 않게 살짝 누른다.

연필을 바르게 쥐는 법

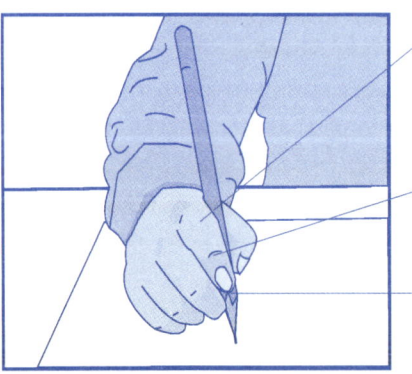

* 가운데 손가락 구부러진 곳 근처에 연필을 받치고 엄지와 검지손가락으로 연필 깍는 곳 바로 윗부분을 흔들리지 않게 잡는다.

- 검지손가락 두 번째 마디는 약90°쯤 되게 구부린다.
- 검지손가락 첫 번째 마디는 구부리지 않는다.
- 연필 깍은 곳 바로 윗부분을 잡는다.

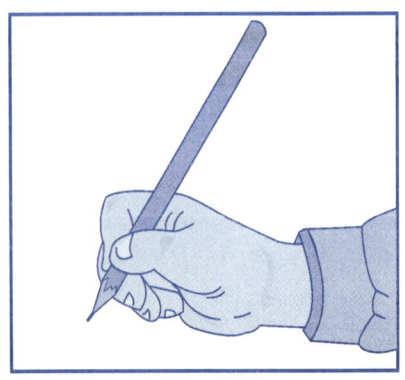

연필과 바닥의 각도는 옆으로 보아 약50° 정도가 되면 적당하다.

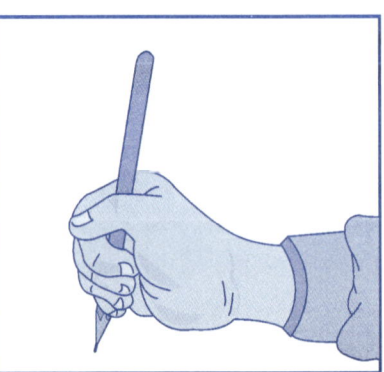

(○)   (X)

앞장의 종이 위에 바르게 따라 써 봅시다.

식	물		사	냥		상	추
식	물		사	냥		상	추
식	물		사	냥		상	추
식	물		사	냥		상	추
식	물		사	냥		상	추
식	물		사	냥		상	추
식	물		사	냥		상	추
식	물		사	냥		상	추
식	물		사	냥		상	추

| 날씨 | 월 일 요일 | 쓰기연습 | 확인 | 참 잘했어요 | 잘했어요 |

식 물   사 냥   상 추

식 물   사 냥   상 추

앞장의 종이 위에 바르게 따라 써 봅시다.

 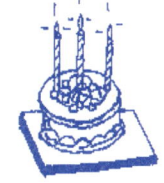 

서	랍		생	일		신	문
서	랍		생	일		신	문
서	랍		생	일		신	문
서	랍		생	일		신	문
서	랍		생	일		신	문
서	랍		생	일		신	문
서	랍		생	일		신	문
서	랍		생	일		신	문
서	랍		생	일		신	문

| 날씨 | 월 일 요일 ☀️ ☁️ ☂️ ⛄ | 쓰기연습 | 확인 | 참 잘했어요 | 잘했어요 |

서	랍		생	일		신	문
서	랍		생	일		신	문

앞장의 종이 위에 바르게 따라 써 봅시다.

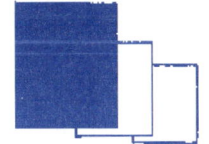  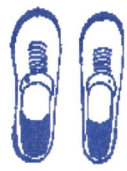

색	종	이	쌀	신	발
색	종	이	쌀	신	발
색	종	이	쌀	신	발
색	종	이	쌀	신	발
색	종	이	쌀	신	발
색	종	이	쌀	신	발
색	종	이	쌀	신	발
색	종	이	쌀	신	발
색	종	이	쌀	신	발

| 날씨 | 월 일 요일 | 쓰기연습 | 확인 | 참 잘했어요 | 잘했어요 |

색종이 쌀 신발

색종이 쌀 신발

앞장의 종이 위에 바르게 따라 써 봅시다.

삼	촌	송	편	성	냥
삼	촌	송	편	성	냥
삼	촌	송	편	성	냥
삼	촌	송	편	성	냥
삼	촌	송	편	성	냥
삼	촌	송	편	성	냥
삼	촌	송	편	성	냥
삼	촌	송	편	성	냥
삼	촌	송	편	성	냥

| 날씨 | 월 일 요일 ☀️ ☁️ ☂️ ⛄ | 쓰기연습 | 확인 | 참 잘했어요 | 잘했어요 |

삼	촌		송	편		성	낭
삼	촌		송	편		성	낭

앞장의 종이 위에 바르게 따라 써 봅시다.

 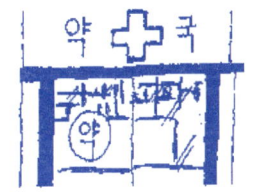 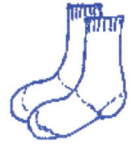

액	자	약	국	양	말
액	자	약	국	양	말
액	자	약	국	양	말
액	자	약	국	양	말
액	자	약	국	양	말
액	자	약	국	양	말
액	자	약	국	양	말
액	자	약	국	양	말
액	자	약	국	양	말

| 날씨 | 월 | 일 | 요일 | 쓰기연습 | 확인 | 참 잘했어요 | 잘했어요 |

액	자		약	국		양	말
액	자		약	국		양	말

앞장의 종이 위에 바르게 따라 써 봅시다.

양	복	양	초	얼	굴
양	복	양	초	얼	굴
양	복	양	초	얼	굴
양	복	양	초	얼	굴
양	복	양	초	얼	굴
양	복	양	초	얼	굴
양	복	양	초	얼	굴
양	복	양	초	얼	굴
양	복	양	초	얼	굴

| 날씨 | 월 일 요일 | 쓰기연습 | 확인 | 참 잘했어요 | 잘했어요 |

양	복		양	초		얼	굴
양	복		양	초		얼	굴

앞장의 종이 위에 바르게 따라 써 봅시다.

오	렌	지		운	동	장	
오	렌	지		운	동	장	
오	렌	지		운	동	장	
오	렌	지		운	동	장	
오	렌	지		운	동	장	
오	렌	지		운	동	장	
오	렌	지		운	동	장	
오	렌	지		운	동	장	
오	렌	지		운	동	장	

날씨	월 일 요일	쓰기연습	확인	참 잘했어요	잘했어요

오	렌	지		운	동	장	
오	렌	지		운	동	장	

앞장의 종이 위에 바르게 따라 써 봅시다.

  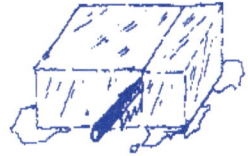

안	경		안	녕		얼	음
안	경		안	녕		얼	음
안	경		안	녕		얼	음
안	경		안	녕		얼	음
안	경		안	녕		얼	음
안	경		안	녕		얼	음
안	경		안	녕		얼	음
안	경		안	녕		얼	음
안	경		안	녕		얼	음

| 날씨 | 월 | 일 | 요일 | 쓰기연습 | 확인 | 참 잘했어요 | 잘했어요 |

| 안 | 경 | | 안 | 녕 | | 얼 | 음 |

| 안 | 경 | | 안 | 녕 | | 얼 | 음 |

앞장의 종이 위에 바르게 따라 써 봅시다.

여	름		접	시		젖	소
여	름		접	시		젖	소
여	름		접	시		젖	소
여	름		접	시		젖	소
여	름		접	시		젖	소
여	름		접	시		젖	소
여	름		접	시		젖	소
여	름		접	시		젖	소
여	름		접	시		젖	소

| 날씨 | 월 일 요일 ☀ ☁ ☂ ☃ | 쓰기연습 | 확인 | 참 잘했어요 | 잘했어요 |

여 름　　접 시　　젖 소

여 름　　접 시　　젖 소

앞장의 종이 위에 바르게 따라 써 봅시다.

선	풍	기		책	가	방
선	풍	기		책	가	방
선	풍	기		책	가	방
선	풍	기		책	가	방
선	풍	기		책	가	방
선	풍	기		책	가	방
선	풍	기		책	가	방
선	풍	기		책	가	방
선	풍	기		책	가	방

| 날씨 | 월 일 요일 | 쓰기연습 | 확인 | 참 잘했어요 | 잘했어요 |

| 선 | 풍 | 기 | | 책 | 가 | 방 |

| 선 | 풍 | 기 | | 책 | 가 | 방 |

앞장의 종이 위에 바르게 따라 써 봅시다.

  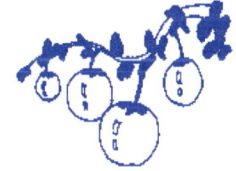

연	극		연	탄		열	매
연	극		연	탄		열	매
연	극		연	탄		열	매
연	극		연	탄		열	매
연	극		연	탄		열	매
연	극		연	탄		열	매
연	극		연	탄		열	매
연	극		연	탄		열	매
연	극		연	탄		열	매

| 월 일 요일 날씨 ☀ ☁ ☂ ⛄ | 쓰기연습 | 확인 | 참 잘했어요 | 잘했어요 |

연	구		연	탄		열	매
연	구		연	탄		열	매

앞장의 종이 위에 바르게 따라 써 봅시다.

운	전	사		원	숭	이	
운	전	사		원	숭	이	
운	전	사		원	숭	이	
운	전	사		원	숭	이	
운	전	사		원	숭	이	
운	전	사		원	숭	이	
운	전	사		원	숭	이	
운	전	사		원	숭	이	
운	전	사		원	숭	이	

| 날씨 | 월 일 요일 | 쓰기연습 | 확인 | 참 잘했어요 | 잘했어요 |

운전사　원숭이

운전사　원숭이

앞장의 종이 위에 바르게 따라 써 봅시다.

음	악	회		장	난	감
음	악	회		장	난	감
음	악	회		장	난	감
음	악	회		장	난	감
음	악	회		장	난	감
음	악	회		장	난	감
음	악	회		장	난	감
음	악	회		장	난	감
음	악	회		장	난	감

날씨	월 일 요일 ☀ ☁ ☂ ☃	쓰기연습	확인	참 잘했어요	잘했어요

음 악 회　　장 난 감

음 악 회　　장 난 감

앞장의 종이 위에 바르게 따라 써 봅시다.

일	벌		작	은		장	갑
일	벌		작	은		장	갑
일	벌		작	은		장	갑
일	벌		작	은		장	갑
일	벌		작	은		장	갑
일	벌		작	은		장	갑
일	벌		작	은		장	갑
일	벌		작	은		장	갑
일	벌		작	은		장	갑

| 날씨 | 월 일 요일 ☀ ☁ ☂ ⛄ | 쓰기연습 | 확인 | 참 잘했어요 | 잘했어요 |

일 벌   작 은   장 갑

일 벌   작 은   장 갑

앞장의 종이 위에 바르게 따라 써 봅시다.

자	장	면		초	상	화	
자	장	면		초	상	화	
자	장	면		초	상	화	
자	장	면		초	상	화	
자	장	면		초	상	화	
자	장	면		초	상	화	
자	장	면		초	상	화	
자	장	면		초	상	화	
자	장	면		초	상	화	

날씨	월 일 요일	쓰기연습	확인	참 잘했어요	잘했어요

자 장 면　　초 상 화

자 장 면　　초 상 화

앞장의 종이 위에 바르게 따라 써 봅시다.

창	문	책	상	치	약
창	문	책	상	치	약
창	문	책	상	치	약
창	문	책	상	치	약
창	문	책	상	치	약
창	문	책	상	치	약
창	문	책	상	치	약
창	문	책	상	치	약
창	문	책	상	치	약

| 날씨 | 월 일 요일 | 쓰기연습 | 확인 | 참 잘했어요 | 잘했어요 |

| 창 | 문 | | 책 | 상 | | 치 | 약 |

| 창 | 문 | | 책 | 상 | | 치 | 약 |

앞장의 종이 위에 바르게 따라 써 봅시다.

초	승	달	필	통	컵
초	승	달	필	통	컵
초	승	달	필	통	컵
초	승	달	필	통	컵
초	승	달	필	통	컵
초	승	달	필	통	컵
초	승	달	필	통	컵
초	승	달	필	통	컵
초	승	달	필	통	컵

날씨	월 일 요일 ☀ 🌬 ☂ ⛄	쓰기연습	확인	참 잘했어요	잘했어요

초	승	달	필	통	컵
초	승	달	필	통	컵

앞장의 종이 위에 바르게 따라 써 봅시다.

콩	나	물		공	중	전	화
콩	나	물		공	중	전	화
콩	나	물		공	중	전	화
콩	나	물		공	중	전	화
콩	나	물		공	중	전	화
콩	나	물		공	중	전	화
콩	나	물		공	중	전	화
콩	나	물		공	중	전	화
콩	나	물		공	중	전	화

| 날씨 | 월 일 요일 | 쓰기연습 | 확인 | 참 잘했어요 | 잘했어요 |

| 콩 | 나 | 물 | | 공 | 중 | 전 | 화 |

| 콩 | 나 | 물 | | 공 | 중 | 전 | 화 |

앞장의 종이 위에 바르게 따라 써 봅시다.

 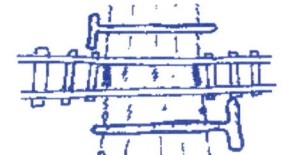

경	찰	서		건	널	목	
경	찰	서		건	널	목	
경	찰	서		건	널	목	
경	찰	서		건	널	목	
경	찰	서		건	널	목	
경	찰	서		건	널	목	
경	찰	서		건	널	목	
경	찰	서		건	널	목	
경	찰	서		건	널	목	

| 날씨 | 월 일 요일 | 쓰기연습 | 확인 | 참 잘했어요 | 잘했어요 |

경	찰	서		건	널	목
경	찰	서		건	널	목

앞장의 종이 위에 바르게 따라 써 봅시다.

꿀	벌		나	팔	꽃		닭
꿀	벌		나	팔	꽃		닭
꿀	벌		나	팔	꽃		닭
꿀	벌		나	팔	꽃		닭
꿀	벌		나	팔	꽃		닭
꿀	벌		나	팔	꽃		닭
꿀	벌		나	팔	꽃		닭
꿀	벌		나	팔	꽃		닭
꿀	벌		나	팔	꽃		닭

| 날씨 | ☀ | ☁ | ☂ | ☃ | 쓰기연습 | 확인 | 참 잘했어요 | 잘했어요 |

꿀	벌		나	팔	꽃		닭
꿀	벌		나	팔	꽃		닭

앞장의 종이 위에 바르게 따라 써 봅시다.

나	뭇	잎		달	팽	이	
나	뭇	잎		달	팽	이	
나	뭇	잎		달	팽	이	
나	뭇	잎		달	팽	이	
나	뭇	잎		달	팽	이	
나	뭇	잎		달	팽	이	
나	뭇	잎		달	팽	이	
나	뭇	잎		달	팽	이	
나	뭇	잎		달	팽	이	

| 날씨 | 월 일 요일 ☀ 🍃 ☔ ⛄ | 쓰기연습 | 확인 | 참 잘했어요 | 잘했어요 |

나	뭇	잎		달	팽	이
나	뭇	잎		달	팽	이

앞장의 종이 위에 바르게 따라 써 봅시다.

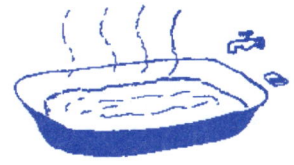 

목	욕	탕		무	궁	화
목	욕	탕		무	궁	화
목	욕	탕		무	궁	화
목	욕	탕		무	궁	화
목	욕	탕		무	궁	화
목	욕	탕		무	궁	화
목	욕	탕		무	궁	화
목	욕	탕		무	궁	화
목	욕	탕		무	궁	화

날씨	월 일 요일	쓰기연습	확인	참 잘했어요	잘했어요

목 욕 탕 무 궁 화

목 욕 탕 무 궁 화

앞장의 종이 위에 바르게 따라 써 봅시다.

물	레	방	아		목	걸	이
물	레	방	아		목	걸	이
물	레	방	아		목	걸	이
물	레	방	아		목	걸	이
물	레	방	아		목	걸	이
물	레	방	아		목	걸	이
물	레	방	아		목	걸	이
물	레	방	아		목	걸	이
물	레	방	아		목	걸	이

| 날씨 | 월 일 요일 ☀ ☁ ☂ ⛄ | 쓰기연습 | 확인 | 참 잘했어요 | 잘했어요 |

물레방아   목걸이

물레방아   목걸이

앞장의 종이 위에 바르게 따라 써 봅시다.

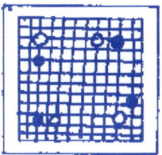 

바	둑	판		방	망	이	
바	둑	판		방	망	이	
바	둑	판		방	망	이	
바	둑	판		방	망	이	
바	둑	판		방	망	이	
바	둑	판		방	망	이	
바	둑	판		방	망	이	
바	둑	판		방	망	이	
바	둑	판		방	망	이	

| 날씨 | 월 일 요일 ☀ ☁ ☂ ☃ | 쓰기연습 | 확인 | 참 잘했어요 | 잘했어요 |

바둑판　방망이

바둑판　방망이

앞장의 종이 위에 바르게 따라 써 봅시다.

사	각	형		산	울	림
사	각	형		산	울	림
사	각	형		산	울	림
사	각	형		산	울	림
사	각	형		산	울	림
사	각	형		산	울	림
사	각	형		산	울	림
사	각	형		산	울	림
사	각	형		산	울	림

날씨	월 일 요일 ☀ 🍃 ☂ ⛄	쓰기연습	확인	참 잘했어요	잘했어요

사 각 형　산 울 림

사 각 형　산 울 림

앞장의 종이 위에 바르게 따라 써 봅시다.

 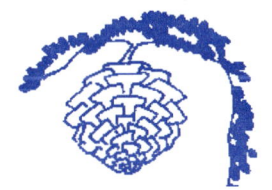

삼	각	형		솔	방	울	
삼	각	형		솔	방	울	
삼	각	형		솔	방	울	
삼	각	형		솔	방	울	
삼	각	형		솔	방	울	
삼	각	형		솔	방	울	
삼	각	형		솔	방	울	
삼	각	형		솔	방	울	
삼	각	형		솔	방	울	

| 날씨 | 월 일 요일 | 쓰기연습 | 확인 | 참 잘했어요 | 잘했어요 |

삼각형　솔방울

삼각형　솔방울

앞장의 종이 위에 바르게 따라 써 봅시다.

심	부	름		쌍	안	경	
심	부	름		쌍	안	경	
심	부	름		쌍	안	경	
심	부	름		쌍	안	경	
심	부	름		쌍	안	경	
심	부	름		쌍	안	경	
심	부	름		쌍	안	경	
심	부	름		쌍	안	경	
심	부	름		쌍	안	경	

| 날씨 | 월 일 요일 ☀ ☁ ☂ ☃ | 쓰기연습 | 확인 | 참 잘했어요 | 잘했어요 |

심	부	름		쌍	안	경	
심	부	름		쌍	안	경	

앞장의 종이 위에 바르게 따라 써 봅시다.

  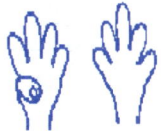

라	켓		샴	푸		아	홉
라	켓		샴	푸		아	홉
라	켓		샴	푸		아	홉
라	켓		샴	푸		아	홉
라	켓		샴	푸		아	홉
라	켓		샴	푸		아	홉
라	켓		샴	푸		아	홉
라	켓		샴	푸		아	홉
라	켓		샴	푸		아	홉

| 날씨 | 월 | 일 | 요일 | 쓰기연습 | 확인 | 참 잘했어요 | 잘했어요 |

라 켓　샴 푸　아 홉

라 켓　샴 푸　아 홉

앞장의 종이 위에 바르게 따라 써 봅시다.

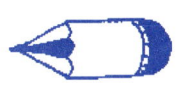  

연	필		열	쇠		짚	신
연	필		열	쇠		짚	신
연	필		열	쇠		짚	신
연	필		열	쇠		짚	신
연	필		열	쇠		짚	신
연	필		열	쇠		짚	신
연	필		열	쇠		짚	신
연	필		열	쇠		짚	신
연	필		열	쇠		짚	신

날씨	월 일 요일 ☀ 🍃 ☂ ⛄	쓰기연습	확인	참 잘했어요	잘했어요

연	필		열	쇠		짚	신
연	필		열	쇠		짚	신

앞장의 종이 위에 바르게 따라 써 봅시다.

인	공	위	성		잎	사	귀
인	공	위	성		잎	사	귀
인	공	위	성		잎	사	귀
인	공	위	성		잎	사	귀
인	공	위	성		잎	사	귀
인	공	위	성		잎	사	귀
인	공	위	성		잎	사	귀
인	공	위	성		잎	사	귀
인	공	위	성		잎	사	귀

| 날씨 | 월 일 요일 | 쓰기연습 | 확인 | 참 잘했어요 | 잘했어요 |

인공위성　잎사귀

인공위성　잎사귀

앞장의 종이 위에 바르게 따라 써 봅시다.

잠	망	경		잔	디	밭	
잠	망	경		잔	디	밭	
잠	망	경		잔	디	밭	
잠	망	경		잔	디	밭	
잠	망	경		잔	디	밭	
잠	망	경		잔	디	밭	
잠	망	경		잔	디	밭	
잠	망	경		잔	디	밭	
잠	망	경		잔	디	밭	

| 날씨 | 월 일 요일 ☀ ☁ ☂ ☃ | 쓰기연습 | 확인 | 참 잘했어요 | 잘했어요 |

잠	망	경		잔	디	밭	
잠	망	경		잔	디	밭	

앞장의 종이 위에 바르게 따라 써 봅시다.

장	애	물		정	류	장
장	애	물		정	류	장
장	애	물		정	류	장
장	애	물		정	류	장
장	애	물		정	류	장
장	애	물		정	류	장
장	애	물		정	류	장
장	애	물		정	류	장
장	애	물		정	류	장

| 날씨 | 월 일 요일 | 쓰기연습 | 확인 | 참 잘했어요 | 잘했어요 |

장애물 정류장

장애물 정류장

앞장의 종이 위에 바르게 따라 써 봅시다.

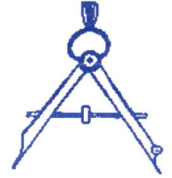 

컴	퍼	스		텔	레	비	전
컴	퍼	스		텔	레	비	전
컴	퍼	스		텔	레	비	전
컴	퍼	스		텔	레	비	전
컴	퍼	스		텔	레	비	전
컴	퍼	스		텔	레	비	전
컴	퍼	스		텔	레	비	전
컴	퍼	스		텔	레	비	전
컴	퍼	스		텔	레	비	전

날씨	월	일	요일	쓰기연습	확인	참 잘했어요	잘했어요

컴	퍼	스		텔	레	비	전
컴	퍼	스		텔	레	비	전

앞장의 종이 위에 바르게 따라 써 봅시다.

커	텐		태	권	도		탈
커	텐		태	권	도		탈
커	텐		태	권	도		탈
커	텐		태	권	도		탈
커	텐		태	권	도		탈
커	텐		태	권	도		탈
커	텐		태	권	도		탈
커	텐		태	권	도		탈
커	텐		태	권	도		탈

| 날씨 | 월 일 요일 | 쓰기연습 | 확인 | 참 잘했어요 | 잘했어요 |

커	텐		태	권	도		탈
커	텐		태	권	도		탈

앞장의 종이 위에 바르게 따라 써 봅시다.

태	극	기		터	널		톱
태	극	기		터	널		톱
태	극	기		터	널		톱
태	극	기		터	널		톱
태	극	기		터	널		톱
태	극	기		터	널		톱
태	극	기		터	널		톱
태	극	기		터	널		톱
태	극	기		터	널		톱

| 날씨 | 월 일 요일 | 쓰기연습 | 확인 | 참 잘했어요 | 잘했어요 |

태	극	기		터	널		톱
태	극	기		터	널		톱

앞장의 종이 위에 바르게 따라 써 봅시다.

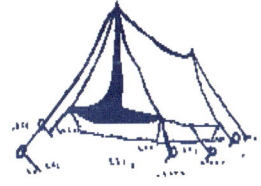  

텐	트		편	지		팽	이
텐	트		편	지		팽	이
텐	트		편	지		팽	이
텐	트		편	지		팽	이
텐	트		편	지		팽	이
텐	트		편	지		팽	이
텐	트		편	지		팽	이
텐	트		편	지		팽	이
텐	트		편	지		팽	이

날씨	월 일 요일	쓰기연습	확인	참 잘했어요	잘했어요

텐트 편지 팽이

텐트 편지 팽이

앞장의 종이 위에 바르게 따라 써 봅시다.

튜	울	립		파	인	애	플
튜	울	립		파	인	애	플
튜	울	립		파	인	애	플
튜	울	립		파	인	애	플
튜	울	립		파	인	애	플
튜	울	립		파	인	애	플
튜	울	립		파	인	애	플
튜	울	립		파	인	애	플
튜	울	립		파	인	애	플

| 날씨 | 월 일 요일 ☀ ☁ ☂ ☃ | 쓰기연습 | 확인 | 참 잘했어요 | 잘했어요 |

튜	울	립		파	인	애	플
튜	울	립		파	인	애	플

앞장의 종이 위에 바르게 따라 써 봅시다.

할	아	버	지		할	머	니
할	아	버	지		할	머	니
할	아	버	지		할	머	니
할	아	버	지		할	머	니
할	아	버	지		할	머	니
할	아	버	지		할	머	니
할	아	버	지		할	머	니
할	아	버	지		할	머	니
할	아	버	지		할	머	니

| 날씨 | 월 일 요일 | 쓰기연습 | 확인 | 참 잘했어요 | 잘했어요 |

할 아 버 지　　할 머 니

할 아 버 지　　할 머 니

앞장의 종이 위에 바르게 따라 써 봅시다.

표	범		깜	짝		식	빵
표	범		깜	짝		식	빵
표	범		깜	짝		식	빵
표	범		깜	짝		식	빵
표	범		깜	짝		식	빵
표	범		깜	짝		식	빵
표	범		깜	짝		식	빵
표	범		깜	짝		식	빵
표	범		깜	짝		식	빵

| 날씨 | 월 일 요일 | 쓰기연습 | 확인 | 참잘했어요 | 잘했어요 |

표	범		깜	짝		식	빵
표	범		깜	짝		식	빵